Die Wiedereinführung des Befähigungsnachweises im Handwerk?

Von

Dipl.-Ing. Dr. Gustav Stöckle (Gießen).

Berlin 1914.
J. Guttentag, Verlagsbuchhandlung,
G. m. b. H.

Sonderabdruck aus:

Das Deutsche Handwerksblatt.

Mitteilungen des Deutschen Handwerks- und Gewerbekammertages.

VIII. Jahrgang. 1914. Heft 13 u. 14.

Vorwort.

Die seit der Einführung der Gewerbefreiheit vielumstrittene Frage der obligatorischen Wiedereinführung des Befähigungsnachweises, schien im Jahre 1905 wenigstens insoweit geklärt gewesen zu sein, daß man von einer Beruhigung der Handwerkergemüter sprechen zu können glaubte. Im vergangenen Jahre sind Bestrebungen zutage getreten, den Befähigungsnachweis wieder auf die Tagesordnung zu drängen.

Ich will deshalb nochmals untersuchen, ob unter den heutigen wirtschaftlichen und sozialen Zuständen die Wiedereinführung des obligatorischen Befähigungsnachweises dem Handwerk von Nutzen sein kann.

Die Untersuchung wird sich sonach kurz darauf beschränken müssen, zu zeigen, was in dieser Sache bereits unternommen wurde, und weiter, ob aus Zweckmäßigkeitsgründen heute der allgemeine Befähigungsnachweis tatsächlich noch angestrebt werden soll oder nicht. Mit anderen Worten: Der Inhalt wird einmal die historische Entwicklung des Befähigungsnachweises, soweit notwendig, vor Augen führen und weiter im zweiten Teile darzulegen suchen, ob die Bestrebungen vieler Handwerker heute noch für das Handwerk von Wert sind.

Literatur.

1. Handwörterbuch der Staatswissenschaften.
2. Der Befähigungsnachweis im Handwerk, von Dr. Thilo Hampke.
3. Der Befähigungsnachweis im Handwerk. Herausgegeben vom Vorstand des Landesverbandes Badischer Gewerbevereine, 1903.
4. Protokoll der von den Hanseatischen Gewerbekammern einberufenen Konferenz, betr. die Frage des allgemeinen Befähigungsnachweises, in Erfurt am 13. Februar 1905.
5. Protokoll des II. Deutschen Handwerks- und Gewerbekammertages zu Darmstadt 1901.
6. Protokoll des V. Deutschen Handwerks- und Gewerbekammertages zu Lübeck 1904.
7. Protokoll des VI. Deutschen Handwerks- und Gewerbekammertages zu Cöln 1905.
8. Jahresrückblick für den XV. Deutschen Handwerks- und Gewerbekammertag zu Halle a. d. S.
9. Bericht über die Sitzung des geschäftsführenden Ausschusses des Deutschen Handwerks- und Gewerbekammertages zu Jena 1913.
10. Berichte über die Reichstagssitzungen vom 19., 20. und 22. November 1906; vom 27. und 28. Februar 1908.

I. Teil.

Die Geschichte des Befähigungsnachweises und die Versuche zur Wiedereinführung desselben.

Die Frage des Befähigungsnachweises kann nur in enger Verbindung mit den Forderungen des Handwerks erörtert werden, deren Resultate als jeweilige Gesetzgebung innerhalb der Gewerbeordnung zutage treten.

Es sind nunmehr schon über 100 Jahre ins Land gegangen, seit Preußen zur Einführung der Gewerbefreiheit im Prinzip schritt.

Die vielerörterten grundlegenden preußischen Verordnungen vom 26. Dezember 1808, vom 2. November 1810 und 7. September 1811 trennten die Zunftverfassungen und stellten im Prinzip die Gewerbefreiheit her, die durch die Gewerbeordnung vom 17. Januar 1845 auf die gesamte preußische Monarchie ausgedehnt wurde.

Durch die erstgenannten Verordnungen wurde einem Bedürfnis Rechnung getragen, von dessen Erfüllung die weiteren Entwicklungsmöglichkeiten und nicht letzten Endes die innere finanzielle Stärkung der Wirtschaft abhing. Daß die erst eingeführte Gewerbefreiheit vor allem die ehemals unter französische Oberhoheit geratenen Gebietsteile erfaßte — Königreich Westfalen, Großherzogtum Berg —, unterlag keinen Zufälligkeiten. Eine Beschränkung in der Ausübung der Gewerbefreiheit blieb nur bei den Gewerben bestehen, deren ungeschickte Handhabung eine öffentliche Gefahr bildete. Für diesen Fall, war für das betreffende Gewerbe ein Befähigungsnachweis zu erbringen. So schrieb die Gewerbeordnung aus dem Jahre 1845 denselben vor für:

1. Ärzte, einschließlich der Wundärzte, Augenärzte, Zahnärzte, Geburtshelfer, Apotheker, Hebammen, also insgesamt die Medizinalpersonen;
2. Seeschiffer, Seesteuerleute;
3. Bauunternehmer und Bauhandwerker, besonders hierunter die Maurer und Steinhauer, Schiefer- und Dachdecker, Haus- und Schiffszimmerleute, Mühlen- und Brunnenbaumeister;
4. Vorsteher öffentlicher Fähren, Schornsteinfeger, Personen, welche sich mit Aufstellung von Blitzableitern beschäftigten, Feuerwerk zum Verkauf brachten oder gegen Vergütung abbrannten, Kastrierer, Abdecker, Bandagisten und Verfertiger chirurgischer Instrumente . . .

Andere Gewerbe hatten wieder nur eine polizeiliche Konzessionierung notwendig, während das Gesetz vom Jahre 1845 für die Gewerbe „im Umherziehen" keine weiteren Bestimmungen getroffen hatte.

Der Zusammenschluß der Handwerker in Innungen sowie die selbstgewollte Auflösung derselben war gestattet, ferner die Zwangsauflösung aus Gründen des Gemeinwohls. Äußerst wichtig war die Gesetzesforderung, daß die Befugnis, Lehrlinge zu halten, abhängig gemacht wurde (hierin ist ein indirekter Beitrittszwang zur Innung enthalten):

1. von der Zugehörigkeit zu einer Innung;
2. von dem Nachweis der Befähigung.

Diese Bestimmungen galten insgesamt für 42 Gewerbe. Fragen wir uns nach dem Erfolge dieser Gesetzesmaßnahmen, waren dieselben imstande — gerade mit Rücksicht auf die letztere Bestimmung, zum Gesetz von 1845 — das Handwerk zu befriedigen? Wir sagen nein. Doch mag dieses weniger an dem Gesetze selbst gelegen haben, als an den Umständen und Zeitverhältnissen, unter welchen dasselbe erlassen wurde. Einmal ließen die in den Jahren 1846 und 1847 entstandenen Krisen das Gesetz nicht erproben, und weiterhin waren durch das Daniederliegen des gewerblichen Lebens die Handwerker dermaßen aufgebracht, daß von seiten dieser alles Elend durch die Gewerbefreiheit verschuldet sein mußte.

Die Folge war, daß gegen dieselbe energisch Front gemacht wurde. Die Handwerker übersahen jedoch vollständig, daß sich die wirtschaftlichen Verhältnisse gegen früher geändert hatten und das Handwerk, unfähig zu folgen, größtenteils außerhalb der gewerblichen Entwicklung stand. Der Norddeutsche Handwerkertag zu Hamburg vom 2. bis 6. Juli 1848, das Handwerkerparlament, das vom 15. Juli bis 18. August zu Frankfurt im Römer tagte, rückten der Gewerbefreiheit energisch zu Leibe. Dieser in Frankfurt stattfindende „Deutsche Handwerker- und Gewerbekongreß" war von 116 Handwerksmeistern aus 24 deutschen Einzelstaaten beschickt. Vorbereitet wurde dieser Kongreß durch Petitionen von Handwerkern aus allen Gauen Deutschlands, so daß man die Bewegung eine allgemeine nennen konnte.

Die wesentlichsten Forderungen der Handwerker, die der verfassunggebenden Nationalversammlung, welche nicht weit vom „Römer" in der Paulskirche beriet — in Form eines Entwurfes zu einer allgemeinen Handwerks- und Gewerbeordnung vorgelegt wurden, waren folgende: Es sollten in ganz Deutschland Innungen gebildet werden mit Beitrittszwang aller an einem Orte ansässigen selbständigen Handwerker des gleichen Gewerbes. Den zu bildenden Innungsvorständen sollte die Regelung der inneren Handwerkerangelegenheiten vorbehalten werden (so die Schlichtung von Streitigkeiten zwischen Meistern, Gehilfen, Lehrlingen), mit dem Rechte, den Gewerbestand bis zu den obersten Stellen zu vertreten. Eine gänzlich neue Einrichtung, der sogenannte Gewerberat, wäre aus Vertretern aller Innungen zu schaffen und sollte diesem die Aufgabe zugewiesen werden, die Grenzen der Arbeitsbefugnisse der verschiedenen Gewerbe gegenseitig abzustecken. Gewerbekammern wären den Innungsvorständen, sowie den Gewerberäten übergeordnet. Ersteren bliebe vorbehalten, im Interesse der Gewerbe gesetzliche Maßregeln usw. in Vorschlag zu bringen. Weiterhin billigte der Kongreß eine ev. Beschränkung der Meisterzahl an einem Orte; außerdem die Überweisung aller Handwerksarbeiten, den Fabriken in Auftrag gegeben, an die zünftigen Meister des Ortes, Verbot des Hausierhandels mit Handwerksarbeiten, Einschränkung des Landhandwerks, Unzulässigkeit von Staats- und Kommunalwerkstätten. Und so ging es noch in langer Reihe weiter. Doch was allem den Zunftstempel weithin sichtbar aufdrücken sollte, war, daß innerhalb einer Innung die alte Folge: Lehrling, Geselle, Meister mit obligatorischem Lehr- und Wanderzwang die Regel zu bilden habe. Die Meister selbst sollten in der Ausübung ihres Gewerbes an enge Grenzen gebunden sein; ohne zwingenden Grund sollte es nicht erlaubt sein, ein anderes Gewerbe auszuüben als das erlernte, andernfalls man den Befähigungsnachweis zu erbringen hätte.

Ähnliche, mitunter noch radikalere Forderungen stellten auch andere Kongresse auf. Daß die Nationalversammlung nach dieser Richtung suggestiert wurde, kann nicht wundernehmen. Doch war unter den damals herrschenden politischen Verhältnissen von dieser Seite eine „Reichsgewerbeordnung" nicht zu erwarten. Es blieb höchstens den einzelnen Staaten vorbehalten, durch Landesgesetz die gewerblichen Verhältnisse weiter zu regeln. Preußen gab den Handwerkern insofern nach, als es durch Kgl. Verordnung vom 9. Februar 1849 bald sämtliche vom Handwerkerparlament aufgestellten Forderungen akzeptierte.

Dieselbe erschwerte die Ausübung des Gewerbebetriebes bei etwa 70 Gewerben, indem einmal der Beitritt zu einer Innung gefordert und weiter der Befähigungsnachweis verlangt wurde. Die Zahl der Gewerbe konnte noch erweitert werden, doch war dieses kaum mehr nötig, da die Liste bereits alle bestehenden Gewerbearten erfaßte. Den Fabrikinhabern war die Haltung von Handwerksgesellen in eingeengtem Maße gestattet. Der Detailverkauf von Handwerkswaren war nur den Inhabern von Verkaufslokalen gewährt, die den Befähigungsnachweis in dem betreffenden Gewerbe besaßen; auch traten die Gewerberäte zum Teil ins Leben.

Alles ging ganz nach dem Wunsche der Handwerker. Wenn die Voraussetzungen ihrer Behauptungen sich als richtig erwiesen, dann müßte als Beweis in der darauffolgenden Zeit, für die Handwerker ein wirtschaftliches Idealleben die Folge sein. Doch nichts von alledem. Schon wenige Jahre nach dem Erlaß der Novelle kamen von vielen Seiten Petitionen mit der Bitte um Abänderung der Novelle: auch wurden schon ganz vereinzelt Stimmen laut, die sich gegen die Meisterprüfungen wandten. Der Ruf nach der Gewerbefreiheit wurde immer stärker. Ein Antrag, der in diesem Sinne im preußischen Abgeordnetenhause auf Beseitigung der Gewerbenovelle eingebracht wurde, rief eine erneute große Handwerkerbewegung hervor*), die die obligatorische Innung verlangte. Vier nord-

*) Der preußische Landeshandwerkertag 1860 in Berlin; Deutscher Handwerkerbund 1862 in Weimar gestiftet; 1863 zu Frankfurt; 1864 zu Cöln.

deutsche Handwerkertage (1867 Quedlinburg, 1868 Dresden und Hannover, 1869 Halle) konnten den Weg zur Wiedereinführung der Gewerbefreiheit nicht versperren, da zudem sich in Handwerkerkreisen eine steigende Agitation zugunsten der Gewerbefreiheit bemerkbar machte, die auch am 21. Juni 1869 als Gewerbeordnung für den Norddeutschen Bund Gesetz wurde*). Die Gewerbeordnung hob insbesondere die Handwerkerprüfungen auf, wodurch auch die Frage des Befähigungsnachweises als erledigt angesehen wurde. Eine Ausnahme bildeten wieder wie früher nur die Medizinalpersonen, wie Ärzte, Apotheker, Hebammen, ferner die Seeschiffer, Seesteuerleute und Lotsen. Der Befähigungsnachweis für das Baugewerbe als solches in der Gewerbeordnung von 1845 enthalten, fiel auch jetzt in Wegfall. Die Beweggründe hierzu sagen folgendes:

„Andere Gesichtspunkte bieten sich in betreff der Bauhandwerker dar. Während die Seeschiffer und die Medizinalpersonen in allen Bundesstaaten prüfungspflichtig sind, ist der Betrieb der Bauhandwerke in Oldenburg, Bremen, Hamburg und dem vormaligen Herzogtum Nassau ein freies Gewerbe. Während es zulässig ist, die Prüfungen der Seeschiffer und Medizinalpersonen auf wenige Orte zu beschränken und dadurch die Kontrolle über die Gleichmäßigkeit des Verfahrens zu sichern, würden für die Bauhandwerker sehr zahlreiche Prüfungsbehörden eingerichtet werden müssen, für deren Kontrolle es an Organen fehlen würde. Wenn hiernach die Alternative sich aufdrängte, entweder auf die Freizügigkeit für diese großen Gewerbe oder auf die Prüfung für den Betrieb derselben zu verzichten, so entschied sich der Entwurf für die Wahl des letzteren Weges aus den sachlichen Bedenken, welche gegen eine Einrichtung sprechen, die täglich umgangen wird, die eine Garantie verheißt, ohne dieselbe zu gewähren, und die durch Trennung der Verantwortlichkeit für den Bau von der tatsächlichen Leitung des Baues das Gefühl der Verantwortlichkeit bei den Personen abstumpft, von deren Gewissenhaftigkeit die Solidität des Baues abhängt. Es konnte endlich

*) Eingeführt am 15. November 1870 in Südhessen; 10. November 1871 in Württemberg und Baden; 12. Juni 1872 in Bayern. Seit 1. Januar 1889 offiziell (in Elsaß-Lothringen seit 27. Februar 1888) im ganzen Reichsgebiet, ausschließlich Holland.

nicht unbeachtet bleiben, daß das freie Gewerbe der Zivilingenieure die verantwortungsvollsten Bauten ausführt, ohne an eine Prüfungspflicht gebunden zu sein."

Hiermit erreichte eine zweite große Handwerkerbewegung ihren Abschluß mit dem Resultat des vollständigen Fiaskos des Befähigungsnachweises.

Die Frage des Befähigungsnachweises war hiermit für die Handwerker jedoch nicht erledigt und wird so lange nicht erledigt werden, als es noch Konjunkturen und insbesondere Krisen gibt. Ist der Handwerker gut beschäftigt, benötigt er kaum an die Forderungen des Befähigungsnachweises zu denken und verlangt aber um so energischer denselben, je mehr die Konkurrenz fühlbar wird.

Daher ist es nicht verwunderlich, wenn gleich nach den siebziger Jahren, mit dem riesigen Emporblühen der Industrie und nachfolgender Stockung, eine erneute dritte Handwerkerbewegung einsetzte, die ich bis zum Erlasse des sogenannten Handwerkergesetz'es im Juli 1897 rechne. Die ersteingeführte Gewerbefreiheit ging vielleicht auch etwas zu radikal vor, so daß eine Reaktion gegen dieselbe in nicht zu ferner Zeit die naturgemäße Folge sein mußte.

Zum Unterschied gegen die früheren Handwerkerbewegungen konzentrierten sich dieses Mal die Bemühungen der Handwerker hauptsächlich auf die weitere Ausbildung der Innungen, wodurch allerdings auch der Befähigungsnachweis wieder an Boden gewann. Der Innungsgedanke sollte in anderer Form ausgebaut, eine Vertretung zur Wahrung der Interessen des Gesamthandwerks geschaffen werden. Eine wirtschaftliche Stärkung der Gesamtheit des Handwerks sollte die Folge sein. Die Lehrlingsausbildung, die Regelung des Verhältnisses zwischen Geselle und Meister, ferner der Kollektivgedanke unter den Meistern zu pflegen, sei künftig die Hauptaufgabe der Innungen.

Auf den folgenden Handwerkerversammlungen machten sich besonders zwei Richtungen bemerkbar. Die Anhänger des motivierten Zunftgedankens, welche in Innungen zusammengeschlossen waren, forderten Zwangsorganisationen. Denn da die Lehrlingsausbildung der Allgemeinheit Nutzen bringe, so seien auch die Kosten von der Allgemeinheit der Handwerker zu tragen; und weil nur derjenige imstande sei, Tüchtiges zu leisten, der den Nachweis der Befähigung erbracht habe, deshalb sei auch der obligatorische Befähigungsnachweis zu fordern.

Die Handwerker dagegen, welche sich in den Gewerbevereinen zusammenfanden, wollten nur rein privatrechtliche Innungen, ohne die Forderung des Befähigungsnachweises.

Die Mehrzahl der Handwerker stellte sich auf die Seite der Zwangsorganisation mit dem Befähigungsnachweis als Anhängsel, gegen die Konkurrenz als ein wirksam gedachtes Mittel. Überhaupt hätte jeder Industrielle den Befähigungsnachweis zu erbringen. Verschiedene Delegiertenversammlungen von Handwerkern, so der „Verein selbständiger Handwerker und Fabrikanten" sowie Gewerbekammertage sprachen sich dagegen aus. Das hinderte jedoch nicht, daß dem Reichstage in verschiedenen Sessionen Anträge auf Einführung von Zwangsinnungen und Befähigungsnachweis zugingen; so im Jahre 1880 ein Antrag der Abgeordneten von Seydewitz, von Helldorf (Bedra), Ackermann und Graf Kleist (Schmenzin), der die Reform des Titels VI der Gewerbeordnung betraf, ohne welche die gedachte Durchführung des Innungsgedankens unmöglich war. Bei den Reichstagsverhandlungen unterstützten die konservative Partei und das Zentrum die Forderungen der Handwerker kräftig. Zwangsinnung und Befähigungsnachweis waren auch hier die Parole. Wenn dagegen die Reichsregierung nicht einen Bruch mit dem § 1 der GewO. vorzunehmen gedachte, dann konnten die Forderungen der betreffenden Handwerker nie bewilligt werden. Die Änderung eines allgemein ausgesprochenen Prinzips, nur im Interesse der Handwerker vorzunehmen, ist mit Rücksicht auf die anderen Erwerbsstände nicht angängig. Dieser Grundsatz muß auch für spätere Anträge bestehen bleiben.

Ein Gesetz vom 18. Juli 1881 konnte deshalb den Innungen nur den Charakter öffentlich-rechtlicher Korporationen zuerkennen; doch hiermit waren die Handwerker keineswegs zufriedengestellt. Die alten Forderungen wurden ständig erneuert, zumal die Handwerker stets durch verschiedene Parteien des Reichstages unterstützt wurden. Der im Jahre 1882 zu Magdeburg abgehaltene „Allgemeine Deutsche Handwerkertag", einberufen von dem „Verbande selbständiger Handwerker und Gewerbetreibender Deutschlands", gab Gelegenheit, sich mit dem Gesetze von 1881 näher zu beschäftigen.

Die auf dem Handwerkertage versammelten Handwerker sprachen sich für die obligatorische Innung und den Befähigungsnachweis aus. Das Programm war vollständig radikal-zünftlerisch. Das deutsche Handwerk sollte fortan zur Vertretung und Wahrung seiner Interessen den „Allgemeinen Deutschen Handwerkerbund" erhalten, welche Anregung auf der Magdeburger Tagung erfolgte. Dieser beriet auch zu verschiedenen Malen. So im Jahre 1883 zu Hannover, 1884 zu Frankfurt a. M., 1885 zu Cöln, 1886 zu Kösen, 1887 zu Dortmund, 1888 zu München, 1889 zu Hamburg. Eine im Jahre 1890 nach Berlin einberufene Handwerkerkonferenz zeitigte Vorschläge — zur Organisation des Handwerks — durch den preußischen Minister.

Ein anderer Teil der Handwerker sah seine Aufgabe jedoch darin, die im Innungsgesetz von 1881 gebotenen Möglichkeiten weiter auszubauen. Die Vorstände von 14 Innungsverbänden gründeten im Jahre 1884 in Berlin zu diesem Zwecke den „Zentralausschuß vereinigter Innungsverbände", dessen Programm weniger für den Befähigungsnachweis eintrat. Wenn auch der Zentralausschuß nicht direkt für die obligatorische Innung und Befähigungsnachweis plädierte, so bedeutete dieses immer noch keine offizielle Absage an den Befähigungsnachweis.

Anträge im Reichstage, den Befähigungsnachweis wieder einzuführen*) wurden in den Jahren 1884/85 und 1890 seitens der Abgeordneten Ackermann, Biehl und Genossen, 1886/87 in weniger scharfer Form durch die Abgeordneten von Kardorff und Bachem eingebracht. Der Antrag vom Jahre 1890 forderte für 63 Gewerbe Zwangsinnung und Befähigungsnachweis, wurde auch vom Reichstage angenommen, vom Bundesrat jedoch abgelehnt. Obgleich in den folgenden Jahren die Handwerker und die Reichstagsparteien mehrfach für die Zwangsinnungen und Befähigungsnachweis eintraten, negierten die Regierungen diese Bestrebungen. Eine am 24. November 1891 eingebrachte Interpellation der Abgeordneten Nitze, Haberland, Letocha und

*) Durch eine Novelle vom 1. Juli 1883 war im Interesse der Erhaltung der Pferde die landesgesetzliche Einführung des Befähigungsnachweises für das Hufbeschlaggewerbe zugelassen. § 30 a GewO.

Genossen veranlaßte den Staatsminister Dr. v. Böttcher zu der Erklärung, daß nach seiner und des preußischen Ministers für Handel und Gewerbe Ansicht, die obligatorische Innung und der Befähigungsnachweis undurchführbar sei, und sämtliche Bundesregierungen sich gegen die Wiedereinführung ausgesprochen hätten. Nach dieser Erklärung erhielt der Befähigungsnachweis für eine Zeitlang seine Ruhe.

Konferenzen, welche zwischen dem Reichsamt des Innern, dem preußischen Handelsministerium sowie Vertretern des Handwerks stattfanden, brachten die bekannten Berlepschen Vorschläge, die 1892 und 1894 auf dem „Deutschen Innungs- und Allgemeinen Handwerkertag" zu Berlin und Halle eingehend durchdiskutiert wurden.

Dieselben betrafen:

1. Die Gründung von Fachgenossenschaften, denen die Gewerbetreibenden bei der Eröffnung ihres Betriebes beitreten sollten.
2. Die Schaffung obligatorischer Handwerkskammern als offizielle Vertretungen des Handwerks.
3. Die Einrichtung von Gehilfenausschüssen.
4. Vorschläge über das Lehrlingswesen; die Einführung einer ordnungsgemäßen Lehrzeit, fakultative Gesellenprüfungen usw.

Die Handwerker, die sich hauptsächlich in drei Verbänden konzentrierten, nahmen gegenüber diesen Vorschlägen wechselnde Standpunkte ein. Der erst im Jahre 1891 gegründete Verband „Deutscher Gewerbevereine" war einer Zwangsorganisation durchaus abgeneigt und versprach sich durch ein einiges Zusammengehen der Handwerker die beste Förderung deren Interessen. Der „Zentralausschuß der vereinigten Innungsverbände" wollte eine „bureaukratisch zentralisierende" Zusammenfassung, der „Allgemeine Deutsche Handwerkerbund" blieb auf seinem alten Allheilmittel — Zwangsorganisation und Befähigungsnachweis — bestehen.

In Preußen hatte man regierungsseitig sogar den Vorschlag auf Bildung von Zwangsorganisationen gemacht (1896), dem jedoch die süddeutschen Staaten widersprachen. Man einigte sich endlich, nach einem langen Hin und Her, in einem Entwurf, der die Zwangsinnungen durch Privilegien begünstigte, so daß dem Handwerker indirekt nahegelegt werden sollte, sich in Zwangsinnungen zu organisieren. Der Antrag einer Mehrheit von Handwerkern, sollte für die Bildung von Zwangsinnungen ausschlaggebend sein. So führten die Berlepschen Vorschläge, nach einigen Umänderungen, zu dem paragraphenreichen „Innungsgesetz" vom 26. Juli 1897, oder auch kurz Handwerkergesetz genannt, das den so sehnlichst erwünschten Befähigungsnachweis jedoch nicht brachte.

Dieses Gesetz hob die in den Jahren 1884 und 1887 erlassenen Gesetze auf und erfaßte in den Hauptpunkten:

1. Gewerbegerichte und Einigungsämter.
2. Die Ausbildung der Lehrlinge. Die Befugnisse Lehrlinge zu halten, wird denen untersagt, welche nicht im Besitze der bürgerlichen Ehrenrechte sind, sich wiederholt grober Pflichtverletzungen gegen ihre Lehrlinge oder sich sittlicher Delikte schuldig gemacht haben, wegen geistiger und körperlicher Gebrechen zur Lehrlingsausbildung nicht geeignet erscheinen, das 24. Lebensjahr noch nicht vollendet und einen Befähigungsnachweis nicht erbracht haben, entweder durch Ablegung der Gesellenprüfung oder durch eine mindest fünfjährige Tätigkeit als selbständiger Handwerker oder Werkmeister. Außerdem wurden die Gesellen- und Meisterprüfungen besser geregelt.
3. Die Zulässigkeit von Zwangsinnungen.
4. Die Bildung von Innungsausschüssen.
5. Die Errichtung von Handwerkskammern.

Damit fand die dritte Handwerkerbewegung ihren Abschluß. Vom Erlaß des Handwerkergesetzes 1897 datiere ich eine vierte Handwerkerbewegung, in der wir heute noch stehen. Die charakteristischsten Merkmale dieser sind:

1. Ein Teil der Handwerker huldigt weiterhin zünftlerischen Tendenzen, die jedoch stark im Abflauen begriffen sind.
2. Der größte Prozentsatz der Handwerker macht sich immer mehr die Erkenntnis moderner Wirtschaftseinrichtungen zu Nutzen auf der Grundlage der Gewerbefreiheit.

Das Hauptverdienst, die Anschauungen vieler Handwerker der ersteren Art geändert zu haben, gebührt verschiedenen Handwerkskammern bzw. deren Sekretären. Wir befinden uns heute infolgedessen doch schon so weit, daß es nur noch verhältnismäßig wenige Handwerker gibt, welche von der Einführung des Befähigungsnachweises alles erhoffen und diesen Wunsch offiziell lautwerden lassen.

Die Anhänger des Befähigungsnachweises gaben ihrer Gesinnung dadurch Ausdruck, daß dieselben das 1897 geschaffene Handwerkergesetz nur als „Abschlagszahlung" betrachteten, öffentlich kundgegeben auf den kommenden „Deutschen Handwerks- und Gewerbekammertagen", sowie in den Sitzungen des „Deutschen Reichstags". — Verfolgen wir diese Verhandlungen auf diesen Handwerker- und Gewerbekammertagen, dann können wir in bezug auf die Wiedereinführung des Befähigungsnachweises verschiedene Richtungen innerhalb der „Kammern" feststellen; ein Dafür und ein Dagegen. Selbst über das Wesen des Befähigungsnachweises sind da die verschiedensten Ansichten vertreten. Nicht ein geschlossener Gedanke, was man eigentlich will, tritt bei den Anhängern des Befähigungsnachweises zutage, bald jeder Handwerksvertreter hat eigene Vorschläge zu machen. Viele „Kammern" und führende Handwerker ließen sich dagegen auch in den folgenden Jahren bekehren und stimmten in dem für den Befähigungsnachweis denkwürdigen Jahre 1905 auf dem Handwerks- und Gewerbekammertag zu Cöln gegen frühere, von ihnen gestellte Anträge.

Nachdem das Handwerkergesetz vom Jahre 1897 insbesondere auch die Lehrlingsverhältnisse regelte*), setzte ein Teil der Handwerkeragitation naturgemäß hier ein, um auf der durch das Handwerkergesetz gegebenen Grundlage, die Wünsche auf Wiedereinführung des Befähigungsnachweises zum Ziele zu führen. So sagt ein Antrag der Handwerkskammer zu Hannover, den Befähigungsnachweis betr., auf dem „II. Deutschen Handwerks- und Gewerbekammertag am 27. und 28. September zu Darmstadt" folgendes: „Wir halten grundsätzlich daran fest, daß das letzte Ziel der Ordnung des Handwerks darin besteht, daß das selbständige Handwerk nur von denen ausgeübt werde, die den Nachweis der Befähigung für ihr Gewerbe erbracht haben.

*) Titel VII, Abschnitt III mit den Unterabschnitten A, §§ 125 bis 128 Allgemeine Bestimmungen, und Unterabschnitt B, §§ 129 bis 132 a, Besondere Bestimmungen für Handwerker.

Bei denjenigen Gewerben, wo die mangelhafte Ausführung der Arbeiten Leben oder Gesundheit von Menschen gefährdet, ist die Einführung des Befähigungsnachweises schon jetzt erreichbar.

Für das Handwerk in seiner Gesamtheit ist aber der Befähigungsnachweis nicht mit einem Male durch eine gesetzliche Verordnung von außen durchzuführen, sondern auf dem Wege einer allmählichen Entwicklung, einer Erneuerung des Handwerks von innen heraus. Dazu gehört vor allem die Ausgestaltung der Innungsorganisation und der Gesellen- und Meisterprüfung zu einer das gesamte Handwerk umfassenden Einrichtung. Nicht die Vernachlässigung der im neuen Handwerkergesetze gegebenen Grundlagen, sondern ihre sorgsame Ausnutzung und Weiterbildung bringt uns dem Ziele des Befähigungsnachweises näher." . . . .

Weiterhin sagt Dr. Lindström, Sekretär der genannten Handwerkskammer, als Referent zu dem gestellten Antrag u. a.*): „Wenn wir soweit sind, daß nur diejenigen, die den Meistertitel führen, Lehrlinge ausbilden dürfen, dann haben wir ein wesentliches Stück des Befähigungsnachweises." . . . . Und auf Seite 37 des angezogenen Berichtes steht zu lesen: „Stärken Sie das Handwerk von unten her durch den Befähigungsnachweis, so wird sich zeigen, daß wir die Großbetriebe und den Handel in unserem Handwerk nicht brauchen." . . . . Reichstagsabgeordneter Euler, ein, wenn nicht der Hauptanhänger des Befähigungsnachweises, behauptet, daß „in den 20 Jahren von 1849 bis 1869, wo der Befähigungsnachweis gesetzlich bestand, doch ganz andere und gesündere Verhältnisse im Handwerkerstand noch vorhanden waren als seit der Einführung der Gewerbefreiheit". Derartige Ausführungen beruhen allerdings auf einer Verkennung von Tatsachen. Auch kann man jene Zeit unmöglich mit der heutigen in Vergleich setzen.

Stellte sich der Antrag der Hwk. Hannover auf das Handwerkergesetz, so ging die Hwk. Wiesbaden weiter, indem sie die Hannoversche Resolution als zu zahm bezeichnete, durch Einbringung einer weiteren Resolution folgenden Wortlautes:

---

*) S. 29, Verhandlungsbericht des II. Deutschen Handwerks- und Gewerbekammertags zu Darmstadt am 27. und 28. September 1901.

„Der zweite Deutsche Handwerks- und Gewerbekammertag erklärt sich für die Einführung des Befähigungsnachweises nach folgenden Grundsätzen:

1. Der Betrieb eines Handwerks ist jedem gestattet, sofern er seine Befähigung dazu nachgewiesen hat. Die Befähigung wird nachgewiesen durch eine vor der zuständigen Meisterprüfungskommission gemäß § 133 der Reichsgewerbeordnung bestandenen Meisterprüfung.
2. Wer die Befähigung für ein Handwerk nachgewiesen hat, ist berechtigt ohne besonderen Befähigungsnachweis auch andere, diesem verwandte Gewerbe zu betreiben. Welche Handwerke als verwandte in diesem Sinne anzusehen sind, bestimmt die Handwerkskammer mit Genehmigung der höheren Verwaltungsbehörde.
3. Jeder betriebsberechtigte Handwerker ist berechtigt, seine Erzeugnisse mit allen erforderlichen Neben- und Ergänzungsarbeiten in vollständig verbrauchs- und verkaufsfähigen Zustand herzustellen, auch die dazu erforderlichen handwerklichen Hilfskräfte anderer Handwerke — worunter indessen Lehrlinge nicht zu verstehen sind — zu halten.
4. Stirbt der Betriebsinhaber, so gilt für die Witwe oder die Erben die Bestimmung des § 45 GewO. mit der Maßgabe, daß der Stellvertreter für das erste Jahr von dem Befähigungsnachweis entbunden ist, dagegen die Befugnis zur Anleitung von Lehrlingen haben muß. Nach Ablauf des ersten Jahres ist der Befähigungsnachweis erforderlich.
5. Diese Bestimmungen finden auf die bei deren Inkrafttreten vorhandenen Betriebe keine Anwendung."

Auf dem V. Deutschen Handwerks- und Gewerbekammertag zu Lübeck, am 7., 8 und 9. September 1904, wurde von der Hwk. Düsseldorf der Antrag gestellt: „eine Kommission einzusetzen zur Ausarbeitung eines Gesetzentwurfes, betreffend Einführung des Befähigungsnachweises," und die Hwk. Halle stellte den Antrag: „Um den Meistertitel — in Verbindung mit einem Handwerk — begehrenswerter zu machen, ist das Recht, Lehrlinge auszubilden nur dem gestattet, der das Recht zur Führung des Meistertitels besitzt." Es macht sich daher die Änderung des § 129 RGO. dahin nötig: In Handwerksbetrieben steht die Befugnis, Lehrlinge auszubilden, nur denjenigen Personen zu, welche das Recht zur Führung des Meistertitels besitzen.

Wie der Landtagsabgeordnete Jakobsgötter (Erfurt) in diesen Verhandlungen ganz richtig ausführte, stellt der Antrag der Hwk. Düsseldorf einen wirklich positiven Erfolg in der Frage der Wiedereinführung des Befähigungsnachweises dar. Gerade die Freunde des Befähigungsnachweises wurden damit beauftragt einen solchen Gesetzentwurf dem nächsten Kammertage vorzulegen. Diese hatten es somit in der Hand, zu beweisen, ob ein derartiges Gesetz für den Handwerker brauchbar gestaltet werden kann. Sollte bei der Arbeit wirklich Brauchbares nicht zutage gefördert werden, dann wäre die Frage des Befähigungsnachweises an und für sich erledigt. In diese Gesetzentwurfskommission wurden gewählt: Die Kammern Arnsberg, Cöln, Düsseldorf, Hildesheim, Insterburg, Wiesbaden und Schwerin. Ferner wurde mit Rücksicht auf die Ausbildung des Nachwuchses die obligatorische Gesellenprüfung und Schutz des Gesellentitels gefordert.

Dem berühmten Cölner Tage, am 9., 10. und 11. August 1905, auf dem die oben aufgeführten sieben Kammern, die sogenannte „Siebenerkommission", ihre positiven Vorschläge, betr. die Wiedereinführung des allgemeinen Befähigungsnachweises, unterbreiten sollte, ging am 13. Februar 1905 in Erfurt eine Versammlung von Gegnern des Befähigungsnachweises voraus (von den hanseatischen Kammern einberufen), welche nochmals Stellung zu der Frage des Befähigungsnachweises zur Cölner Tagung nahm. In Erfurt waren insgesamt 27 Kammern vertreten. Die hanseatischen Kammern erklärten auf dieser Tagung die Einführung des Befähigungsnachweises als ein Unglück für den Handwerkerstand.

Wie vorauszusehen, brachte der „Handwerks- und Gewerbekammertag zu Cöln" ein vollständiges Fiasko des Befähigungsnachweises. Die Siebenerkommission unterbreitete zwei Vorschläge. Der erste — und zwar der Hauptvorschlag — sah den Befähigungsnachweis in der strengeren Form, unter Zusammenschluß verwandter Gewerbe vor. Die Siebenerkommission empfahl dessen Annahme nicht, weil, wie sie darlegte, der Befähigungsnachweis in dieser Form zurzeit unerreichbar sei (nicht undurchführbar). Der Begriff „verwandte Gewerbe" wurde schon früher*) dargelegt, und stammt der Vorschlag von der gleichen Kammer. Hiernach soll eine Gruppierung von sogenannten „verwandten Handwerken" gebildet werden und demjenigen, der für ein Handwerk innerhalb dieser Gruppe den Befähigungsnachweis erworben hat, auch ohne weiteres gestattet werden, ein verwandtes Gewerbe auszuüben**).

---

*) Siehe die Resolution der Hwk. Wiesbaden Ziffer 2, auf dem II. Deutschen Handwerks- und Gewerbekammertag zu Darmstadt.

**) Hören wir hierzu die öffentliche Kritik im Reichstage am 22. November 1906. Hier sagt unter anderem der Abgeordnete Gothein bei der Diskussion über den Befähigungsnachweis: „.... Und was war denn dieser Befähigungsnachweis, der von der Siebenerkommission des Handwerkskammertages, die in Hamburg niedergesetzt worden war, vorgeschlagen wurde? Meine Herren, der entscheidende § 15c des Entwurfs der Siebenerkommission lautet:

Wer die Befähigung für ein Handwerk nachgewiesen hat, ist berechtigt, ohne besonderen Befähigungsnachweis auch andere Handwerke zu betreiben.

Ich möchte den Herrn Abgeordneten Malkewitz fragen, ob, wenn er jetzt den Befähigungsnachweis wieder galvanisieren will, er den Antrag der Siebenerkommission des Deutschen Handwerkskammertages durchführen will oder einen Befähigungsnachweis, der dahin geht, daß der betreffende Handwerker bloß das machen soll, was er wirklich gelernt hat.

Ich möchte ferner bemerken, daß die Siebenerkommission ausdrücklich und absichtlich bloß aus ausgesprochenen Zünftlern zusammengesetzt war. Vorher, als man auch die Gegner des Befähigungsnachweises in solche Kommissionen geschickt hatte, hieß es immer, wir haben nichts zustande bringen können, weil die Gegner jeden Beschluß verhinderten. Nun waren die Gegner des Befähigungsnachweises unter dem Handwerk so schlau und ließen die Anhänger desselben, die Zünftler, allein in diese Siebenerkommission, und diese, entschuldigen Sie das harte Wort, Spottgeburt von Dreck und Feuer des § 15c, ist das, was die Siebenerkommission in unendlich langen Sitzungen zutage gebracht hat.

Was heißt denn dieser § 15c, dieser Befähigungsnachweis, wie ihn die Zünftler im Handwerk wollen? Derjenige, der sein Handwerk als Schornsteinfegermeister hat, der soll auch Schweine schlachten dürfen, und wer sein Handwerk als Metzgermeister gelernt hat, der soll tapezieren und malen können. Ein Schornsteinfegermeister, ein Schneidermeister soll Konditorwaren machen und der Bäcker soll Schweine schlachten dürfen, und der Unterschied mit dem kleinen

Der Grundgedanke des Entwurfs besteht in zwei Punkten: einmal soll nur derjenige ein Handwerk ausüben dürfen, der seine Befähigung nachgewiesen hat; das andere Mal muß derjenige bestraft werden, der ein Handwerk betreibt oder eine hierzu gehörige Arbeit ausführt, ohne einen Befähigungsnachweis zu besitzen. Eine Bezugnahme im Entwurf auf Östreichs Verwendungsnachweis, der gar keinen Befähigungsnachweis im zünftlerischen Sinne darstellt, ist nicht besonders glücklich gewählt, da die Folgen dieser Östreichschen Bestimmung stetige Unannehmlichkeiten und Streitigkeiten sind. Die Undurchführbarkeit dieses Entwurfs auch fühlend, unterbreitete die Siebenerkommission gleich einen zweiten, bereitgehaltenen Antrag, der die obligatorische Meisterprüfung verlangte.

Nach langen eingehenden Debatten einigte man sich schließlich auf einen Antrag Malkewitz, der einen Kompromiß für die Siebenerkommission darstellte. Dieser Antrag lautete:

„Der VI. Deutsche Handwerks- und Gewerbekammertag lehnt die Forderung des Befähigungsnachweises für sämtliche Handwerkszweige als unter den heutigen Verhältnissen unerreichbar ab*)."

Dieser Antrag wurde mit 47 gegen 24 Stimmen angenommen, ein Beweis dafür, wie zahlreich die Anhänger des Befähigungsnachweises doch noch waren. Über die obligatorische Meisterprüfung konnte auf dieser Tagung ebensowenig eine Einigung erzielt werden. Beachtenswert für die

---

Befähigungsnachweis, wie ihn der Herr Staatssekretär jetzt will, ist bloß der, daß jeder machen kann was er will, aber Lehrlinge darf er nur ausbilden, wenn er in irgendeinem Fach die Meisterprüfung abgelegt hat; wenn er also als Schornsteinfegermeister seine Prüfung gemacht hat, kann er Lehrlinge in jedem anderen Handwerke, das in Gottes Welt vorhanden ist, ausbilden...." (Reichstag, 123. Sitzung, 22. November 1906, S. 3818.)

*) Während der zuerst gestellte Antrag folgenden Wortlaut hatte:

„Der VI. Deutsche Handwerks- und Gewerbekammertag lehnt die Forderung des allgemeinen Befähigungsnachweises als unzweckmäßig und bei den heutigen wirtschaftlichen Verhältnissen undurchführbar ab."

Weiterentwicklung des Befähigungsnachweises sind die Punkte 2, 3 und 4 der Resolution der GK. Hamburg und der Hwk. Darmstadt, die mit allen gegen eine Stimme angenommen wurde. Diese Punkte 2, 3 und 4 haben folgenden Wortlaut:

„2. Dagegen spricht der sechste Deutsche Handwerks- und Gewerbekammertag die bestimmte Hoffnung aus, daß die von der Regierung in Aussicht gestellte Gesetzesvorlage, betreffend Befähigungsnachweis im Baugewerbe, also bei Gewerben, bei denen Gefahren für Leben und Gesundheit in Betracht kommen, möglichst bald einen ausreichenden Schutz für diese Gewerbe bringen möge;

3. der sechste Deutsche Handwerks- und Gewerbekammertag hält schließlich einen weiteren Ausbau der Gesetzgebung nach der Richtung hin für dringend erforderlich, daß der Meistertitel mit größeren Rechten ausgestattet wird;

4. der sechste Deutsche Handwerks- und Gewerbekammertag stimmt daher dem sogenannten Hamburger Entwurf zu, indem er die Festsetzung des Wortlautes des Gesetzentwurfes dem Ausschuß des Deutschen Handwerks- und Gewerbekammertages überträgt."

Die Frage der Einführung des Befähigungsnachweises im Baugewerbe wurde bis jetzt mit Absicht nicht gestreift, weil hier die Notwendigkeit der Einführung bei Handwerkern und Reichstagsabgeordneten — auch von Gegnern des Befähigungsnachweises überhaupt — nahezu einstimmig anerkannt wurde. Das Baugewerbe als solches nahm immer schon — auch zu Zunftzeiten — eine gesonderte Stellung ein. Diese ist in der Eigenart des Gewerbes an und für sich zu suchen. Und wenn sich hier die Gegner des Befähigungsnachweises zu Freunden desselben bekennen, so liegt dieses auch daran, daß das Publikum ständig Gefahren durch Bauten ausgesetzt ist bzw. ausgesetzt werden kann, sofern eine Gewähr gegen unsachgemäße Ausführung oder Konstruktion der Bauten nicht vorhanden ist. In Preußen machte bereits das Edikt vom Jahre 1810 für die Gewerbe der Zimmerer und Maurer eine Ausnahme von der Gewerbefreiheit. Für diese Gewerbe erlangte erst im Jahre 1869 auch der § 1 GewO. volle Gültigkeit. Diese gestattete, daß ein Baugewerbe nach erfolgter Anmeldung zwar betrieben werden durfte, jedoch im übrigen Rücksicht auf die hygienischen und feuerpolizeilichen Vorschriften genommen werden mußte.

Aus Handwerkskreisen, Innungen, sowie im Reichstage wurden des öfteren Anträge auf Einschränkung der Gewerbefreiheit für die Baugewerbe gestellt. Die Protokolle über die Verhandlungen der Handwerksvertreter auf den „Deutschen Handwerks- und Gewerbekammertagen" nach dem Jahre 1900 nehmen in dieser Angelegenheit einen umfangreichen Platz ein. Die auf dem Kammertage zu Cöln angenommene Resolution (siehe oben Punkt 2) bildet auch hier einen vorläufigen Abschluß. Naturgemäß wurde die Forderung des Befähigungsnachweises für das Baugewerbe stets mit der Forderung des allgemeinen Befähigungsnachweises überhaupt verquickt*).

Daß sich die Regierungen auch hier nicht zur Einführung des Befähigungsnachweises im Baugewerbe bekennen konnten, war vorauszusehen. Deshalb sind die Stellungen der Parteien im Reichstage und der Regierungen zu dieser Frage in bezug auf die Formelierung verschieden, wenn auch im Prinzip Einmütigkeit darüber herrschte, daß in dieser Sache etwas zu geschehen hätte. Die Forderungen mußten dieserhalb in ein Gewand gekleidet werden, das dem § 1 GewO. nicht widersprach. So kamen denn Gesetze zustande, welche zwar den Befähigungsnachweis nicht brachten, doch für die Baugewerbe als Befähigungsnachweis angesehen werden konnten**).

Mit Rücksicht auf die vorhandene Gewerbefreiheit und im Interesse der Allgemeinheit konnte der Forderung der Handwerker auf Einführung der obligatorischen Meisterprüfung nicht stattgegeben werden***). Die Regierung verstand sich vielmehr zu einer Zusage zu Punkt 3 der Resolution der GK. Hamburg und der Hwk. Darmstadt (Cölner Tagung 1905) und gab in der 121. Sitzung des Reichstages vom 19. November 1906

*) Aus diesem Grunde ist es mir auch nicht möglich in den nachfolgenden Ausführungen streng getrennt die weiteren Entwicklungen wiederzugeben.

**) Siehe die folgenden Ausführungen des Abgeordneten Trimborn.

***) Siehe Protokoll der Cölner Tagung des Deutschen Handwerks- und Gewerbekammertages, Antrag der Siebenerkommission.

durch den Staatsminister Graf v. Posadowsky, die Erklärung ab, „daß in den allernächsten Tagen dem Bundesrate eine Vorlage zugehen wird, inhalts deren das Recht zur Ausbildung von Lehrlingen an die Erwerbung des Meistertitels geknüpft ist.“

Hätte die Regierung den Wünschen der Handwerker entsprochen, so würde das eine Bevorzugung der Handwerker bedeuten, denen Gelegenheit gegeben ist, die Meisterprüfung abzulegen. Außerdem wäre ja der Befähigungsnachweis in dem Augenblick eingeführt, in welchem die Meisterprüfung obligatorisch würde. Die Regierung konnte die Forderung um so eher ablehnen, als selbst die Mehrzahl der Handwerker von der Wiedereinführung des Befähigungsnachweises nichts wissen wollte. Folgen wir den interessanten Ausführungen des Abgeordneten Trimborn im Reichstag am 19. November 1906, um uns zugleich mit dem Standpunkte der Regierung näher vertraut zu machen; es heißt da: „.. . gegenüber dem Drängen verschiedener Kreise auf Einführung des Befähigungsnachweises, wenigstens im Baugewerbe, haben die verbündeten Regierungen stets anerkannt, daß allerdings eine Erhöhung der Kautelen dafür erforderlich sei, daß die Bauunternehmung und die Bauleitung in zuverlässigen Händen sich befinden. Die Regierung hat aber geglaubt, diese Kautelen suchen zu müssen nicht in der Einführung des allgemeinen Befähigungsnachweises im Baugewerbe, sondern in einem polizeilichen Untersagungsrecht, so wie es die gegenwärtige Vorlage fixiert.

Dieses polizeiliche Untersagungsrecht bewegt sich nach einer doppelten Richtung; einmal kann die Polizei einen ganzen baulichen Gewerbebetrieb untersagen und zweitens kann sie die Ausführung eines einzelnen Baues durch einen bestimmten Bauunternehmer oder Bauleiter verbieten.

Die Untersagungsbefugnis, die sich gegen einen ganzen Gewerbebetrieb richtet, muß nach der Vorlage ausgeübt werden, indem das betr. baupolizeiliche Organ gegen den Bauunternehmer, den Bauleiter auf Untersagung klagt, und zwar klagt in dem Instanzenzuge, den das Verwaltungsstreitverfahren vorsieht. Das Verbot tritt erst dann in Kraft, wenn eine desfallsige rechtskräftige Entscheidung auf Untersagung im Verwaltungsstreitverfahren ergangen ist.

Anders liegt es, wenn die Ausführung eines einzelnen Baues durch einen bestimmten Bauunternehmer oder Bau leiter verhindert werden soll; da kann die Untersagung durch die untere Verwaltungsbehörde ohne weiteres erfolgen, also durch bloße polizeiliche Verfügung. Gegen diese Verfügung hat dann der Unternehmer oder der Bauleiter das Recht, Einspruch zu erheben und dieser Einspruch erledigt sich im Verwaltungsstreitverfahren.

In dem einen und in dem anderen Falle kann die Untersagung nur auf Tatsachen gestützt werden, die den Bauunternehmer oder den Bauleiter bezüglich des Gewerbebetriebs als unzuverlässig erweisen. Das ist der wesentliche Inhalt der Vorlage, wie sie in dem ursprünglichen Entwurf der Regierung sich darstellt, und wie sie die Beratung der Kommission verlassen hat.

Nun sage ich zunächst: in dieser Vorlage steckt immerhin ein gewisses Maß von Befähigungsnachweis und zwar nach folgender Richtung hin. Bei der Untersagung eines Gewerbebetriebs müssen, wie ich sagte, Tatsachen vorliegen, die den betr. Unternehmer oder Bauleiter in bezug auf den Gewerbebetrieb als unzuverlässig erscheinen lassen. Als solche Tatsachen sind im Laufe der Kommissonsverhandlung bezeichnet worden: Leichtsinn, finanzielle Unzuverlässigkeit, auch, was namentlich betont wurde, mangelnde Sorgfalt in der Beobachtung der Schutzvorschriften, z. B. der von den Berufsgenossenschaften erlassenen Unfallverhütungsvorschriften. Alle diese Momente können Tatsachen im angegebenen Sinne darstellen. Vor allen Dingen wird aber mangelnde Sachkunde, sei es nach der theoretischen, sei es nach der praktischen Seite hin, in erster Linie in Betracht kommen. Nun aber heißt es in der Vorlage: Mangel an theoretischer Ausbildung kann nicht als Tatsache demjenigen gegenüber angeführt werden, der bestimmte, in der Vorlage näher bezeichneten Zeugnisse und Qualitäten aufweisen kann, der z B. eine staatlich anerkannte Baugewerkfachschule absolviert hat oder der das Ingenieurdiplom vorweisen kann. Dann heißt es weiter — und nun komme ich auf den springenden Punkt —: Mangel an technischer oder praktischer Vorbildung und Sachkunde, kann demjenigen nicht entgegengehalten werden, der in seinem Gewerbe als Bauunternehmer, Bauleiter oder sonst in einem baulichen Gewerbe die Meisterprüfung abgelegt hat. Hierin liegt ein indirekter Anreiz, wenn Sie wollen, eine Art Nötigung zur Ablegung der Meisterprüfung und darauf hat es Bezug, wenn ich eben sagte, in der Vorlage sei ein gutes Stück Befähigungsnachweis enthalten. In der Tat ist ein großer Anreiz in der Vorlage gegeben, daß alle diejenigen, die im Baugewerbe in irgendeinem Zweige beschäftigt sind, sich möglichst der Meisterprüfung unterziehen. Denn wenn sie die Prüfung abgelegt haben, kann die polizeiliche Untersagungsbefugnis nicht auf die Behauptung gestützt werden, daß sie theoretisch oder praktisch nicht ausgebildet seien. Nach der Richtung hin, haben sie also eine vollkommene Sicherheit . . . . Es ist richtig, daß die Einführung des Befähigungsnachweises im Baugewerbe mehr Anhänger hat, als die Einführung des Befähigungsnachweises überhaupt bei allen Handwerken; aber die Tatsache besteht, daß gegen die Einführung des Befähigungsnachweises im gesamten Handwerk, auch in den Handwerkerkreisen selbst erhebliche Bedenken bestehen, und es muß festgestellt werden, daß der Handwerks- und Gewerbekammertag, der im vorigen Jahr in Cöln getagt hat, zwar sich für den Befähigungsnachweis im Baugewerbe ausgesprochen, aber bezüglich des Befähigungsnachweises im gesamten Handwerk es als richtig bezeichnet hat, ihn zunächst beiseite zu stellen und die ganze Anstrengung auf die Erreichung des sogenannten kleinen Befähigungsnachweises zu richten, der da die Lehrlingshaltung nur demjenigen gestatten will, welcher den Meistertitel zu führen berechtigt ist . . . . ."

In der „Begründung" zum Entwurf des Gesetzes, betr. die Abänderung der Gewerbeordnung (Nr. 350, Reichstag, 12. Legislaturperiode, I. Session 1907), ist zu lesen: „. . . . Es muß vielmehr, wenn man sich nicht in einen Widerspruch mit den bewährten Grundsätzen der Gewerbefreiheit setzen will, daran festgehalten werden, daß der Schutz der Allgemeinheit gegen geringwertige gewerbliche Leistungen und Erzeugnisse der Regel nach Sache der Allgemeinheit selbst und lediglich da Sache der Gesetzgebung ist, wo die Gefährdung von Leben, Gesundheit und dergleichen in Frage steht.

Es darf indessen nicht vergessen werden, daß bei der Frage nach der Befähigung des Lehrherrn im Handwerke nicht nur die Rücksicht auf die Fachausbildung des Lehrlings, sondern auch diejenige auf seine ganze weitere Erziehung für das Leben und für den Beruf in Betracht kommt. Nun stellt die Gesetzgebung in Deutschland sonst überall mit Recht strenge Anforderungen an diejenigen, die sich irgendwie mit der Erziehung jugendlicher Personen befassen; insbesondere wird von ihnen meist der Nachweis der eigenen möglichst vollkommenen Durchbildung in dem betreffenden Erziehungszweige verlangt. Geht man hiervon aus, so ist es nur folgerichtig und mit dem Grundsatz der Gewerbefreiheit durchaus vereinbar, wenn von den Handwerkern, die Lehrlinge ausbilden wollen, als Regel verlangt wird, daß sie selbst den üblichen Erziehungsgang des ordentlichen Handwerkers von Anfang bis zu Ende, d. h. vom Eintritt in die Lehrzeit bis zur Ablegung der Meisterprüfung, durchgemacht haben..."

So kam es nach vielen Mühen zu den Gesetzen vom 7. Januar 1907 bzw. vom 30. Mai 1908. Das erstere ist seit dem 1. April 1907 in Kraft und ist insbesondere für das Baugewerbe bestimmt und in die Gewerbeordnung eingefügt oder paragraphenweise ergänzt. Ergänzt wurden die Paragraphen 35 Absatz 5 und 54 Absatz 2, hinzugefügt §§ 35a und 53a. Die Gründe, welche für das Untersagungsrecht maßgebend waren, sind soeben dargelegt worden. Wichtig jedoch ist für die Handwerker der Passus, daß bei handwerksmäßigen Gewerbebetrieben inbezug auf die Ernennung Sachverständiger erst die Handwerkskammer gehört werden muß (§35Abs. 5), und daß demjenigen, der nach § 133 GewO. die Meisterprüfung im Maurer-, Zimmer- Steinmetzgewerbe usw. abgelegt hat, der Einwand des Mangels an theoretischer und praktischer Ausbildung nicht entgegengehalten werden kann (§ 35a Abs. 2). Wir sehen, wie den Forderungen der Handwerker indirekt Rechnung getragen wurde, ohne daß mit dem Prinzip der Gewerbefreiheit gebrochen wurde.

Das Gesetz vom 30. Mai 1908 (in Kraft seit dem 1. Oktober 1908) brachte den sogenannten kleinen Befähigungsnachweis mit den Bestimmungen über die Führung des Meistertitels in Verbindung mit der Bezeichnung eines Handwerks und über das Lehrlingswesen. In Handwerksbetrieben steht das Recht, Lehrlinge auszubilden, jetzt nur noch den Personen zu, die den kleinen Befähigungsnachweis, die Meisterprüfung, abgelegt haben*).

*) bzw. den Voraussetzungen des § 129 RGO. entsprechen.

Wenn man nun wirklich glauben sollte, daß damit der allgemeine Befähigungsnachweis — allerdings in wesentlich veränderter Form — von der Tagesordnung bei Handwerkerkongressen endgültig verbannt sei, so gibt man sich einer Täuschung hin. So ist neuerdings in dem „Bericht über die Sitzung des geschäftsführenden Ausschusses des Deutschen Handwerks- und Gewerbekammertages", der am 30. April 1913 zu Jena abgehalten wurde, auf Seite 6 zu lesen:

„5. Allgemeiner Befähigungsnachweis. Berichterstatter die Geschäftsstelle. — Die Handwerkskammer Nürnberg hat einen Antrag eingebracht, die Frage des allgemeinen Befähigungsnachweises auf dem Kammertage zu behandeln. Der Ausschuß war bereits auf seiner Sitzung zu Berlin vom 25. Oktober vorigen Jahres über einen entsprechenden Antrag der Handwerkskammer Nürnberg auf Behandlung dieser Materie zur Tagesordnung übergegangen.

Die Kommission war nach den bereits früher gemachten Erfahrungen von der Undurchführbarkeit des allgemeinen Befähigungsnachweises überzeugt und erklärte sich dahin, daß an dem Beschluß der Ausschußsitzung zu Berlin am 25. Oktober 1912 festzuhalten sei.

Angesichts dieser Sachlage zog die Handwerkskammer Nürnberg ihren Antrag zurück.

Ein entsprechender Antrag der Hwk. Stralsund konnte als zu spät eingegangen in der Kommission nicht verhandelt werden.

Der Ausschuß nimmt Kenntnis." . . .

Es entsteht nun die große Frage, ob die Durchführung der Forderung des obligatorisch verlangten Befähigungsnachweises, die heute noch von Tausenden von tüchtigen Handwerkern unterstützt wird, auch wirklich dem Handwerke einen Gewinn brächte?

Dieses näher auszuführen, soll die Aufgabe des zweiten Teiles dieser Arbeit bilden.

II. Teil.

Im ersten Teile dieser Abhandlung wird gezeigt, welche Wandlungen der Befähigungsnachweis bis heute durchgemacht hat und zugleich ein Stück Geschichte der Handwerkerbewegung in notwendigen Formen gegeben. Eingeschaltet sind Aussagen bekannter Persönlichkeiten aus dem Handwerkerstande, der Regierung und des Reichstages angeführt. Es soll nunmehr zu beweisen versucht werden, ob unter den gegenwärtigen sozialen und wirtschaftlichen Zuständen der allgemeine Befähigungsnachweis zur Unmöglichkeit geworden ist. Um bereits in der Literatur mitgeteiltes nicht zu wiederholen, verweise ich auf jene.

Forschen wir nach dem Kerne der Forderung noch so vieler Handwerker, weshalb wollen diese den Befähigungsnachweis? Als Antwort erhalten wir von diesen meistens Gründe dargelegt, welche die Frage nie tiefer berühren oder zu berühren scheinen: Schutz gegen Pfuschertum und Schwindelkonkurrenz, Wahrung der Standesehre bzw. Hebung derselben, Schutz vor kapitalistischer Ausbeutung*) und anderes mehr. Letztere Äußerung kommt wohl dem Grundgedanken am nächsten. Der Befähigungsnachweis soll dem Handwerker helfen, ihn von unangenehmer Konkurrenz zu befreien Wie sehr sich viele Handwerker im Grunde widersprechen, geht daraus hervor, daß der in Form der Meisterprüfung zuletzt

---

*) Der Abgeordnete Euler, sicherlich der begeistertste Anhänger des allgemeinen Befähigungsnachweises, sagte im Reichstag am 20. November 1906 unter anderem:

„Aber, daß jeder Unberufene auf dem Gebiet des Handwerks herumtrampeln darf und infolge seiner größeren Intelligenz oder größeren Kapitals soundsoviele Handwerker nahrungslos macht und ihnen das Brot vor der Nase wegschnappt — obwohl er kein Handwerker ist — dagegen müssen wir uns verwahren."

geforderte Befähigungsnachweis gegenüber dem allgemeinen Befähigungsnachweis, wie ihn sich die Handwerker denken, doch zwei verschiedene Dinge sind. Während die Meisterprüfung nur eine technische Befähigung des Handwerkers dartun soll, fußt der allgemeine Befähigungsnachweis auf wirtschaftlicher Grundlage. Allerdings wollen die Anhänger des Befähigungsnachweises in Form der obligatorischen Meisterprüfung daran anknüpfend weiterbauen, indem dieselben jetzt einen wirtschaftlichen Schutz fordern, weil das Gesetz nun einmal auch die Meisterprüfung fakultativ eingeführt hat. Zünftlerische Tendenzen treten auch hier zutage. Der Befähigungsnachweis soll also ein Mittel darstellen zur Beseitigung von Konkurrenz und neu aufkommender kleiner Betriebe. Man will bei den gestellten Forderungen nicht erkennen, daß, was früher vielleicht noch möglich war, heute eine Unmöglichkeit darstellt, wie uns ja der erste Teil dieser Schrift zeigte. Schritt man am Anfange des 19. Jahrhunderts zur Einführung der Gewerbefreiheit — welche schon hin und wieder in der Mitte des 18. Jahrhunderts begehrt wurde — so lag doch sicherlich hiernach ein Bedürfnis vor. Wenn nun infolge der verschiedensten anderen Umstände die Gewerbefreiheit nicht die erhofften Erfolge zeitigte, so lag dieses gewiß nicht an der Gewerbefreiheit an und für sich, sondern die Ursachen sind auf ganz anderem Gebiete zu suchen. Ursache und Wirkung wird hier gewiß verwechselt. Anfangs forderte man auch den Befähigungsnachweis von der sich entwickelnden Industrie; doch ließ man seit Ende der siebziger Jahre des vorigen Jahrhunderts von dieser Forderung ab. Die verschiedensten Parteien des Reichstages bekannten ihr Interesse an den Handwerkerfragen wohl zum Teil auch nur deshalb, weil die soziale Fürsorge für die Arbeiter zu dieser Zeit stark im Vordergrunde stand.

Man darf nicht verkennen, daß im Falle einer Wiedereinführung des allgemeinen Befähigungsnachweises für das Handwerk eine Stärkung der kräftig konkurrenzbietenden Industrie unzweifelhaft in noch höherem Maße eintreten würde, als es heute schon der Fall ist, was nicht im Interesse des Handwerks läge; denn der Befähigungsnachweis will ja gerade die Konkurrenz im Prinzip einschränken. Die Folge der Einführung würde eine erhöhte Gegnerschaft zwischen Handwerk und Industrie bedeuten. Die Industrie will und kann nicht zugunsten des Handwerks, schon mit Rücksicht auf die in den Werken investierten Kapitalien, eine gegebene Gelegenheit, sich gewinnbringend zu betätigen, aufgeben. Dieses haben sicherlich verschiedene Anhänger des Befähigungsnachweises auch erkannt, indem diese den Antrag stellten, daß dem Handwerk von den Fabriken die Arbeiten überwiesen werden sollten, die eigentlich dem Handwerk gehörten — übrigens ein dehnbarer Begriff. Weiterhin ist zu beachten, daß infolge des verschärft eintretenden Konkurrenzkampfes die Fabrik bei schlechten Konjunkturen stets dominieren würde. Wenn Kampfpreise, wie sie in solchen Zeiten einsetzen, auf den Plan kommen, dann dürfte es dem stets auf ein kleines Betätigungsgebiet angewiesenen Handwerker, wegen der größeren Arbeitsteilung im Großbetriebe, schwer werden, überhaupt in den Wettbewerb mit der Fabrikindustrie einzutreten. Die Fabrik würde ganz konkurrenzlos dastehen. Heute, wo kein allgemeiner Befähigungsnachweis verlangt wird, bleibt es dem Handwerker überlassen, seine Betätigung nach seinen Fähigkeiten entsprechend einzurichten, seinen Unterhalt zu verdienen, wo sich ihm Gelegenheit bietet. Im Zeichen des Befähigungsnachweises nicht mehr; denn dieser, wenn er eingeführt würde, könnte gerechterweise nicht allein auf das Handwerk beschränkt bleiben, auch der Handel würde das Monopol des obligatorischen Befähigungsnachweises fordern.

Bei dem heutigen Stande der Verkehrsmittel kann zudem die billigere Großfabrikation auf weite Strecken den Handwerker unterbieten, so daß die Abgrenzung in der Produktion durch den Befähigungsnachweis innerhalb des Handwerks keinen Zweck hätte. Wir sehen, der Befähigungsnachweis hat für das Handwerk, solange die Konkurrenz der Fabrik besteht — und diese wird bestehen bleiben —, keine Vorteile aufzuweisen; im Gegenteil sind die Nachteile größere. Der Großbetrieb darf alles produzieren, der Handwerksbetrieb ist in seiner Produktion beschränkt.

Diese Ausführungen haben Gültigkeit, sowohl für die beabsichtigte Einführung des Befähigungsnachweises verwandter Gewerbe, als auch für die obligatorische Meisterprüfung, verbunden mit der Forderung der Handwerker, dem Inhaber des Meistertitels bei Vergebungen, Submissionen, Bevorzugungsrechte einzuräumen. Schon der Hinweis auf Österreich mit seinem Verwendungsnachweis und den hieraus entstehenden ununterbrochenen Streitigkeiten sollte die Handwerker eines besseren belehren.

Wie schon mehrmals angedeutet, ist es für die Gesetzgebung heute ganz unmöglich, den Befähigungsnachweis in irgendeiner Form — mit Rücksicht auf § 1 der GewO. — im Handwerk einzuführen. Eine vollständige Umänderung der Gewerbeordnung wäre die unvermeidliche Folge. Zudem kann der Gesetzgeber ganz unmöglich die Bevorzugung eines Standes innerhalb der Gesetzgebung eintreten lassen. Wie würden sich gerade einzelne Handwerker beschweren, wenn zu ihren Ungunsten zum wirtschaftlichen Vorteile anderer Erwerbszweige Gesetze erlassen würden. Gerade in bezug auf die Abänderung der Gewerbeordnung ist kein Stand so viel berücksichtigt worden (ausgenommen Arbeiterschutz betr.) wie gerade das Handwerk; als wirtschaftlich schwächerer Teil ist der Schutz des Handwerks auch zu begrüßen.

Legen wir uns in großen Zügen die Schwierigkeiten dar, die, den guten Willen der verbündeten Regierungen vorausgesetzt, den Befähigungsnachweis einzuführen, für den Gesetzgeber entstehen würden, nach dieser Richtung die Gewerbeordnung abzuändern.

Vorweg die Frage: Ist das Handwerk in Stadt und Land miteinander vergleichbar, könnten, ohne dem Landhandwerk zu schaden, für dieses die gleichen gesetzlichen Bestimmungen mit Rücksicht auf den allgemeinen Befähigungsnachweis Anwendung finden? Nein. Wer die Frage bejaht, kennt sich im Handwerk nicht aus Und ein Gesetz zu schaffen, das allein die Stadthandwerker begünstigt, hieße erstens, zu Zunftzeiten zurückkehren mit allen Bannmeilenrechten und sonstigen Vergünstigungen, und zweitens das Prinzip der bestehenden Rechtsordnung über den Haufen rennen. Das Land stellt, genau wie früher, an das Handwerk andere Anforderungen als die Stadt; und wenn in derselben für jedes Handwerk ein Spezialhandwerker zu finden, so ist dieses auf dem Lande unmöglich. Hier ist und muß ein Handwerker vielseitiger sein, um überhaupt existenzfähig zu bleiben. Die Leistungen sind dafür aber meistens auch geringwertiger, mit Rücksicht auf die Qualitätsarbeit, werden aber den Bedürfnissen vollauf genügen. Ich will damit in bezug auf die Qualitätsarbeit nicht etwa behaupten, daß solche auf dem Lande nicht angefertigt würde, nein; denn man trifft gerade bei Schmieden, Schreinern, Sattlern, Töpfern usw. Handwerker, welche ganz Hervorragendes in ihrem Fache leisten, dann aber auch in der Hauptsache für die Stadtkundschaft arbeiten. Der Gesetzgeber muß jedoch Stadt und Land gleich behandeln. Ausnahmen zu gestatten, also zweierlei Gesetz für eine Erwerbsschicht ist für diesen unmöglich, d. h. mit anderen Worten: die Einführung des Befähigungsnachweises ist heute aus rechtlichen Gründen für das Handwerk gesetzlich unmöglich, ganz abgesehen von Schwierigkeiten, die im Gewerbe selbst entstehen durch die Frage der Zugehörigkeit zum Handwerk.

Und hiermit berühren wir die große Frage Fabrik und Handwerk. Für die Einführung des Befähigungsnachweises würde diese Frage eine ebenso große Rolle spielen wie bei dem heutigen Streite über die Zugehörigkeit von Betrieben zur Handwerkskammer (nach dem Handwerkergesetze vom Jahre 1897) bzw. der für das Handwerk tieferen Frage der Beitragsleistung zu den Kosten der Lehrlingsausbildung. Was ist eigentlich Fabrik, und was ist Handwerk? In der Gewerbeordnung in der seit dem 1. April 1912 geltenden Fassung ist das Wort Fabrik so gut wie nicht mehr vorhanden; eine volkswirtschaftlich feststehende Definition ist in der Gewerbeordnung nicht gegeben und kann auch nicht gegeben werden. Eine Einbeziehung von Betrieben zum Handwerk, die bis heute der Handelskammerorganisation unterstehen, ist nach der bestehenden Gewerbeordnung heute nicht ohne weiteres möglich; und das Bestreben der Handwerkskammern, manche Fabriken als Handwerksbetriebe zu erklären, haben zu einem neuen Begriff — dem Großbetriebe im Handwerke — geführt. Resolutionen von Handwerkerversammlungen und zuletzt auch von den Handwerks- und Gewerbekammertagen zu München und Lübeck in den Jahren 1903 und 1904 (und folgende Kammertage mehr oder weniger) stellten zur Klärung dieser Frage dementsprechende Anträge*). Der Antrag auf dem Kammertage zu Darmstadt 1901 beschäftigt sich damit, fest-

*) Literatur: Fabrik und Handwerk; Denkschrift des Deutschen Handwerks- und Gewerbekammertages, 1909. Denkschrift des Deutschen Handwerks- und Gewerbekammertags, betr. Abänderung des Handwerksgesetzes vom 26. Juli 1897, 1912. — Abgrenzung der Handels- und der Handwerkskammerordnung, oder Fabrik und

zustellen, was ist fabrikmäßig, was ist handwerksmäßig, als Kern der Streitfrage, und erklärt hierzu das Folgende:

„Als fabrikmäßig sind nur diejenigen Gewerbebetriebe anzusehen, in welchen unter weitgehendster Verwendung von Maschinen durch Teilarbeit erzeugte Massenartikel auf Vorrat hergestellt werden, dagegen sind als handwerksmäßige Betriebe nur solche anzusehen, welche ohne Rücksicht auf die Größe und den Umfang derselben zur Herstellung von Erzeugnissen hauptsächlich handwerksmäßig und mit mehrjähriger Lehrzeit ausgebildete Arbeitskräfte erfordern und auf Bestellung Dritter Arbeiten gegen Entgelt ausführen."

Mit all den gegebenen Definitionen kam man jedoch auch nicht weiter, und so schlug man bereits auf dem Kammertage zu Lübeck 1904 vor, zur Klärung dieser Frage eine Reichsbehörde zu schaffen; und im April 1911, sowie im Juni 1912 fanden in dieser Frage amtliche Konferenzen statt. Letztere Besprechung wurde im Reichsamt des Innern abgehalten, zu der je vier Vertreter des Handwerks und der Industrie zugezogen waren. Dieselben einigten sich auf ähnlicher Grundlage, wie die zu Lübeck vorgeschlagene. Daß die Kämpfe damit ihr Ende erreichten, ist nicht gesagt. Doch werden dieselben voraussichtlich auf ein mögliches Minimum beschränkt bleiben. Wenn der allgemeine Befähigungsnachweis eingeführt werden sollte, dann handelt es sich für die nichthandwerksmäßigen Betriebe um Existenzfragen von tiefgehendster Bedeutung, die sicherlich noch einen schärferen Kampf zwischen Fabrik und Handwerk auslösen würden. Es wäre bei der stetigen Entwicklung von Handwerks- zu Fabrikbetrieben und umgekehrt geradezu ein Ding der Unmöglichkeit, auf die Dauer ruhige Verhältnisse zu erzielen. Die Handwerksbetriebe sind doch vielfach kleine und mittlere Betriebe mit einem Kaufmann an der Spitze und dem Handwerker als technischen Leiter. Diese Betriebe z. B. würden einfach verschwinden, wenn der kaufmännische Leiter seine Firma bzw. seinen Namen, unter dem der Handwerksbetrieb existiert, aufgeben müßte. Der Befähigungsnachweis würde auf das Handwerk selbst zurückfallen. Am wenigsten be-

Handwerk. Denkschrift für die Beratungen des Deutschen Handelstages; herausgegeben von der HK. Leipzig. — Reichstagsverhandlungen usw.

troffen würden im Falle der Einführung des Befähigungsnachweises die ganz kleinen Handwerksbetriebe. Wenn ich mich auf die in den Jahren 1895 und 1907 angestellten Berufs- und Gewerbezählungen berufe, so ist dieses der Beweis meiner Behauptung*).

Die Unternehmer, besonders auch die Handwerker, beschweren sich heute schon über die Beaufsichtigung von seiten

---

*) Die gesamten Handwerksbetriebe im Deutschen Reich vermehrten sich während beider Zählungen um rund 5,5 v. H. Die Größenklassen entwickelten sich wie nachstehend angegeben:

Betriebe mit	1895	1907	Zunahme in %
1 Person	741 615	704 756	5,0
2—5 Personen	490 489	569 640	16,1
6—10 "	42 788	56 895	32,9
11—50 "	24 712	38 755	56,8
51—200 "	4 308	7 714	79,0
über 200 "	378	1 053	179,0

Abgenommen haben nur die Betriebe mit einer Person. Die Betriebe der zweiten Art sind die dem Handwerk am eigentümlichsten. Die Entwicklung ist durch die Einführung der Maschinen sehr verschieden. Die „Soziale Praxis" schreibt in Nr. 48, 1912 u. a.: „Wenn wir die Handwerksbetriebe von 2—5 Personen nachstehend in diese drei Gruppen einteilen und einen Stillstand dort annehmen, wo der Rückgang oder die Vermehrung 5 v. H. nicht übersteigt, so ergibt sich folgendes:

I. Rückgang: Steinmetzen, Töpfer (Hafner), Goldschmiede, Kupferschmiede, Zinngießer, Uhrmacher, Seifensieder, Seiler, Gerber, Schäffler, Kammacher, Schuhmacher.

II. Stillstand: Grobschmiede, Buchbinder, Bau- und Möbelschreiner, Bürstenmacher, Kürschner, Hutmacher.

III. Zunahme: Spengler, Messerschmiede, Nagler, Wagner, Sattler, Tapezierer, Drechsler, Bäcker und Konditoren, Metzger, Schneider, Handschuhmacher, Barbiere und Friseure, Maurer und Bauunternehmer, Zimmerer, Glaser, Maler, Stukkateure, Dachdecker, Brunnenmacher, Ofensetzer, Kaminkehrer.

Wir sehen, daß der Gewinnliste eine kleinere Verlustliste gegenübersteht, und daß an der Vermehrung hauptsächlich die kopfreichen Gewerbe der Bauhandwerker, Bäcker, Metzger und Barbiere beteiligt sind . . . . Die Behauptungen, daß das Handwerk und seine Betriebe auf den Aussterbeetat gesetzt sei, sind also größtenteils nicht stichhaltig, wenn auch zugegeben werden muß, daß sich die großindustriellen Betriebe weit stärker vermehrt haben als die des Handwerks."

der Handwerkskammern, Berufsgenossenschaften und Gewerbeinspektionen (siehe die Berichte der Kammertage); wie würde es erst werden, wenn der allgemeine Befähigungsnachweis eingeführt würde! Die Streitigkeiten und Prozesse erreichten kein Ende. Ein Blick auf Österreich und in das „Gewerbearchiv" genügt heute schon, um sich hiervon ein Bild zu machen. Täglich neuentstehende Handwerke bzw. Gewerbe würden auch weiter die gesetzgebenden Körperschaften in ständiger Wallung erhalten. Aus solchen Erwägungen heraus kann niemals an die Wiedereinführung des Befähigungsnachweises gedacht werden.

Derselbe würde für das Handwerk selbst noch andere Nachteile zeitigen. Ziehen wir weitere Schlüsse, so sehen wir, daß in dem Befähigungsnachweis eine Ungerechtigkeit gegenüber den Handwerkern liegt, die außerstande sind, eine Meisterprüfung abzulegen. Nur besser situierte Handwerker und die örtlich günstig, in der Nähe der Fachschulen wohnenden Handwerker sind in der Lage, das ersehnte Privileg zu erhalten. Nicht an allen Orten finden sich jedoch derartige Ausbildungsanstalten, wie die Gewerbe- oder Fachschulen. Es wird wiederum eine erhebliche Benachteiligung der Landhandwerker eintreten, wodurch viele, die sich dem Handwerk zuwenden würden, demselben verloren gehen.

Bei einer Abgrenzung in der Ausübung des Gewerbes wären unhaltbare Zustände die Folge. Die gegenseitige Kontrolle, Handwerk gegen Handwerk würde wie früher, so auch heute unerträglich. Nicht lange würde es dauern, so ververſuchten die Handwerker sicherlich auch den Hausindustriellen, Heimarbeitern und Zwischenmeistern die freie Ausübung des Gewerbes zu verbieten. Eine unter kümmerlichen Verhältnissen vegetierende Erwerbsschicht würde verschwinden, den Handwerkern selbst Erwerbsmöglichkeiten entgehen.

Die Gepflogenheit vieler Handwerker, ihr Einkommen durch ein Ladengeschäft zu erhöhen, in dem auch nicht selbstverfertigte Waren zum Verkauf angeboten werden, müßte verschwinden. Mitunter ist es gerade das Ladengeschäft, eine Verbindung von Handwerk mit dem Handel in das Fach einschlagender Waren, das dem Handwerker die Möglichkeit eröffnet, das Leben erträglicher zu gestalten. Gerade auf dem Lande in verhältnismäßig noch höherem Maße als in der

Stadt. Auf dem Lande hat der Handwerker den Anforderungen entsprechend vielseitiger zu sein, und so ist bei den heutigen Verhältnissen die Trennung von Handwerks- und Kaufmannsstand nicht mehr streng durchzuführen, da eine intensive Mischung bereits stattgefunden hat.

Bei den Anforderungen, die man heute an die Qualität einer Ware stellt, ist es einem Handwerker kaum mehr möglich, ohne Hilfswerkzeuge moderner Art, Bearbeitungs- und Hilfsmaschinen, zu arbeiten; ausgenommen davon sind einige wenige Gewerbezweige. Nur hierdurch wird der einzelne Handwerker instand gesetzt, einigermaßen erfolgreich mit der Großfabrikation in Wettbewerb zu treten. Anderseits muß, genau wie bei der Fabrik, die Kapitalanlage sich auch richtig amortisieren lassen, was nur durch möglichst ständige Inanspruchnahme der Werkzeuge und Maschinen geschehen kann. Mit anderen Worten: Der Handwerker muß danach streben — Aufträge und nochmals Aufträge zu erlangen — gleichgültig, woher diese kommen. Der Einzug des Befähigungsnachweises würde in solchen Betrieben, die heute die Mehrzahl bilden, zweierlei Wirkungen hervorbringen. Einmal Stilllegung bzw. ev. Zahlungsschwierigkeiten des betr. Handwerkers, infolge mangelnder Beschäftigung oder gar Geschäftsaufgabe, anderseits würde — finanzielle Leistungsfähigkeit des Handwerkers vorausgesetzt — die Absicht bestehen, sich dem Befähigungsnachweis durch Ausbildung des Handwerks — zum Fabrikbetrieb zu entwinden, d. h. der Befähigungsnachweis brächte dem Handwerk neue Konkurrenz.

Bisher habe ich die Betrachtungen nur auf das Handwerk selbst beschränkt. Wie wird sich aber der Abnehmer, der Konsument, zur Einführung des obligatorischen Befähigungsnachweises verhalten? Solange keine Preiserhöhungen der Waren eintreten, wird wohl alles beim alten bleiben. Das preisregulierende Moment — Angebot und Nachfrage — wird eine Verschiebung erleiden; denn alle die Handwerker müßten aus der Konkurrenz ausscheiden, welche den Befähigungsnachweis nicht erbracht hätten, und das sind heute eine ganz erkleckliche Anzahl, und zweitens würde bei der Abgrenzung der Gewerbe — in solche verwandter Art — auch momentan einem geringeren Angebot eine vermehrte Nachfrage gegenübertreten. Das konsumierende Publikum wird infolgedessen einer Preiserhöhung der Produkte — als Wirkung des Befähigungsnachweises — dadurch aus dem Wege gehen, indem es kurzerhand bei der Konkurrenz kauft. Diese, die gegebene Gelegenheit erfassend, Kapitalien nutzbringend anzulegen, wäre schon darauf bedacht, einem mangelnden Bedürfnisse innerhalb kurzer Zeit abzuhelfen. Das gleiche gilt auch für den Staat und die Kommunen, allerdings mit Rücksicht auf die Aufgaben, welche diese zu lösen haben, in weniger strengem Sinne, bei der Vergebung von Arbeiten. In noch höherem Maße als heute würden die Fabriken Berücksichtigung finden, nur allein schon, um den Unannehmlichkeiten zu entgehen, die eine Folge der Einführung des Befähigungsnachweises wären. Der Konsument wird immer dahin gehen, wo er am besten und billigsten bedient wird. Den Beweis hat man ja bei vielen Handwerkern selbst, die wenig danach fragen, ob die Ware, welche sie benötigen, aus einem Handwerks- oder Fabrikbetriebe stammt. Die Hauptsache ist und bleibt auch für sie die ökonomische Seite.

Zuletzt will ich noch die Unmöglichkeiten beweisen, den Befähigungsnachweis aus sozialen Gründen einzuführen. Durch die mit Riesenschritten fortschreitende Produktion und die dadurch begünstigte Gewerkschaftsbewegung, entstanden im letzten Jahrzehnt scharfe Interessengegensätze zwischen Unternehmer und Arbeiter, von denen auch das Handwerk nicht verschont blieb. Der Handwerker als Arbeitgeber nimmt in seinem derzeitigen Betriebe nicht mehr die patriarchalische Stellung als Hausherr ein, wie er es zu Zeiten des Befähigungsnachweises gewöhnt war. Das Bestimmungsrecht über seine Arbeiter ist nicht mehr das frühere. Bereits im Jahre 1848 (gelegentlich der Tagung des Handwerker- und Gewerbekongresses zu Frankfurt a. M.), in welchem Jahre um den Befähigungsnachweis besonders scharf gestritten wurde, wurden von den Gewerbetreibenden Wünsche laut, den Wanderzwang wieder einzuführen usw. Ein Arbeiterkongreß legte damals schon Verwahrung ein gegen den „einseitigen Eigennutz der Meister". Es resultiert hieraus, daß ein Unabhängigkeitsgefühl sich auch in jenen Jahren stark zwischen Arbeiter und Unternehmer drängte, in ganz hervorragendem Maße dagegen heute, denn die Arbeiterbewegung gewann sehr rasch an Boden. Die Kämpfe unterscheiden sich allerdings in bezug auf die Forderungen nicht wesentlich von den zu Zunftzeiten herrschenden Gesellenkämpfen des Mittelalters. Diese setzen sich heute in den Arbeiterbewegungen fort; der Unterschied zwischen Geselle und Arbeiter verschwindet im täglichen Leben immer mehr, als Folge der ausgedehnten Fabrikindustrie. Den Kernpunkt aller Kämpfe bildet vor allem die Lohnfrage, und die neueste Erscheinung auf diesem Gebiete: der Kampf um den kollektiven Arbeitsvertrag oder kurz Tarifvertrag genannt. Ein Zeichen der stark vorgeschrittenen Organisation, ein Übergewicht auf Arbeiterseite. Erst neuerdings suchen die Arbeitgeber durch eine Gegenorganisation hierzu Front zu machen.

Wie die Geschichte der Tarifverträge lehrt, setzte gerade beim Handwerk die Agitation ein, und zwar als eine natürliche Folge ihrer geringen Organisation oder überhaupt ihrer beinahe völligen Organisationslosigkeit. An Punkten des geringsten Widerstandes setzt stets der Angriff am heftigsten ein. Es sind deshalb auch im Verhältnis die Mehrzahl der Tarifverträge im Handwerk untergebracht. Wer in die Geheimnisse der Tarifverträge eingedrungen ist, wird bald begreifen, daß die Forderungen der Arbeiter bzw. der Gewerkschaften im Laufe weiterer Tarifverträge darauf hinauszielen, nur organisierte Arbeiter dem Unternehmer aufzudrängen. Die Entwicklung der Dinge tritt noch krasser hervor, wenn man berücksichtigt, daß (meines Wissens) $^2/_5$ aller Handwerksbetriebe auf dem Lande ihren Standort haben, und diese zurzeit für Tarifverträge so gut wie nicht in Frage kommen, weil die organisierten Arbeiter sich hier in ausschlaggebender Weise nicht behaupten können. Wie überall, scheidet sich auch hier das Land streng von der Stadt. Was wird nun für den Handwerker die Folge der Tarifverträge und der Gewerkschaftsbewegung sein? Der Handwerker kann heute schon nicht mehr darüber bestimmen, Arbeiter nach Gutdünken einzustellen, sondern der Arbeiter (ich sage mit Absicht nicht mehr Geselle) muß zur Arbeit angenommen werden, wie er sich präsentiert oder, besser gesagt, präsentiert wird. Die Handwerker auf dem Lande und in den kleineren Städten klagen schon ziemlich allgemein darüber, daß es schwer hält, überhaupt Arbeiter zu erhalten. Zudem fällt für den Handwerker noch erschwerend ins Gewicht, daß infolge von Schwankungen in den Absatzverhältnissen und der zunehmenden Maschinisierung — auch mit eine Wirkung ständig sich erhöhender Arbeiterforderungen — der Arbeiter öfters seinen Beruf wechseln muß und tatsächlich auch wechselt. Eine ständige Fluktuation innerhalb der Arbeiterberufe ist zu verzeichnen. In guten Konjunkturen wird sich der Wechsel weniger bemerkbar machen, da der Arbeitgeber hier in die Lage versetzt ist, dem Arbeiter infolge eines guten Verdienstes, auch den gewünschten Lohn zu gewähren.

Wie hängen aber all die Verhältnisse mit dem Befähigungsnachweis zusammen? Der Arbeiter wird im Laufe der Jahre Spezialist bzw. kaum mehr in der Lage sein, das Gewerbe rein handwerksmäßig zu betreiben. Durch die große Konkurrenz der Fabriken, sowie des Arbeiterbedarfs derselben und eine wesentlich höhere Entlöhnung wird der Arbeiter dem Handwerk immer mehr entzogen. Für die Aufrechterhaltung und den Nachwuchs des Handwerks ist jedoch eine Ausbildung im Handwerksbetriebe notwendig, was auch vom Handwerk und der Regierung durch die Forderung und Gewährung des kleinen Befähigungsnachweises anerkannt wird. Die Frage des Nachwuchses ist für das Handwerk ferner eine Existenzfrage. Heute wird wohl der Lehrling im Handwerksbetrieb noch eine Gesellenprüfung machen, aber nachdem meistens dem Handwerk den Rücken wenden, weil er eben im Fabrikbetrieb eine bessere Bezahlung erhält und auch nicht so sehr der Aufsicht des Handwerksmeisters unterstellt ist. Was kann infolgedessen der Befähigungsnachweis — wenn auch nur in der Form der obligatorischen Meisterprüfung — dem Handwerk nutzen, wenn dasselbe durch diesen eine wirtschaftliche Stärkung nicht erfährt? Hierin liegt der Schwerpunkt der Frage. Der kleine Befähigungsnachweis birgt allerdings schon einen kleinen wirtschaftlichen Vorsprung für diejenigen Handwerker in sich, welche die Meisterprüfung abgelegt haben. Dieselben dürfen Lehrlinge halten gegenüber den nicht „geprüften Handwerkern" und verfügen sonach über billigere Arbeitskräfte.

Da im Grunde genommen der allgemeine Befähigungsnachweis bereits eingeführt ist, so erscheint der Kampf um denselben zwecklos. Eingeführt ist derselbe zwar nicht formal, also von „Amts wegen", sondern von den Abnehmern bzw. den Kunden der Handwerker. Das Publikum bildet hier die Prüfungsinstanz, indem es kurzerhand diejenigen Handwerker abstößt, welche in ihren Leistungen nicht genügend erscheinen.

Bei den heutigen wirtschaftlichen Zuständen würde die Wirkung der obligatorischen Einführung des Befähigungsnachweises für den Handwerker nur eine vorübergehende sein. Für viele Handwerke wäre die Wirkung tatsächlich gleich Null. Was würde z. B. bei dem Gewerbe des Bäckers, Metzgers oder des Mechanikers der Erfolg der Einführung sein? Wahrscheinlich keiner, da heute diese Handwerker bald alle ihre Meisterprüfung abgelegt haben. Ähnlich wird die Sachlage auch bei vielen anderen handwerksmäßig ausgeübten Gewerben liegen. Die Einführung dürfte deshalb heute dem einzelnen Handwerker keine wirtschaftlichen Erfolge mehr bieten.

Eine wünschenswerte Stärkung kann aber nicht durch die Beseitigung der freien Konkurrenz, nicht durch eine Eindämmung der Gewerbefreiheit und nicht durch die Wiedereinführung des allgemeinen Befähigungsnachweises erlangt werden. Dieses glaube ich im vorstehenden genügend bewiesen zu haben. Zur wirtschaftlichen Hebung des Handwerks sind andere Wege — auf dem Boden der Gewerbefreiheit — gegeben. Nicht durch eine Änderung des § 100q GewO., der künftighin den Innungen die Festsetzung von Mindestpreisen ermöglicht (die Forderung vieler Handwerker), und nicht durch Zwangsinnungen kann das Handwerk gestärkt werden, auch nicht durch die Verknüpfung von Rechten mit dem Meistertitel, abgesehen davon, daß sich die verschiedenen Korporationen hierzu kaum verstehen werden. Das alleinige Heilmittel wird nur in dreierlei bestehen, und zwar:

1. einer guten technischen Ausbildung in Werkstatt, sowie auf der Fachschule;
2. einer guten kaufmännischen Ausbildung*) und
3. in einem Zusammenschluß der selbständigen Handwerker in Genossenschaften; entsprechend den jeweilig gegebenen Bedürfnissen.

---

*) Gerade hierauf lege ich den Hauptwert. Die Lehrtätigkeit in den Gewerbe- und Fachschulen, besonders den „süddeutschen", bestätigt dieses. Nur hierdurch kann auch eine Besserung im Submissionswesen hervorgerufen werden.

Druck von A. W. Hayn's Erben (Curt Gerber), Potsdam.

FSC
www.fsc.org
MIX
Papier | Fördert gute Waldnutzung
FSC® C083411

Kolibri 360 GmbH
Ferdinand-Jühlke-Straße 7
99095 Erfurt, Deutschland
produktsicherheit@kolibri360.de